Mantén tu Promesa

Agradezco a mis padres por su apoyo y amor incondicional a mi padrino Ramiro Padilla escritor y poeta colombiano, a mis editores y también escritores colombianos Eugenia Mora y José Díaz, y demás familiares y amigos que aportaron para hacer realidad este libro.
Gracias Señor por el don que me has regalado.
Mantén tu promesa

"Siempre sé honesto y sé fiel a tu palabra"

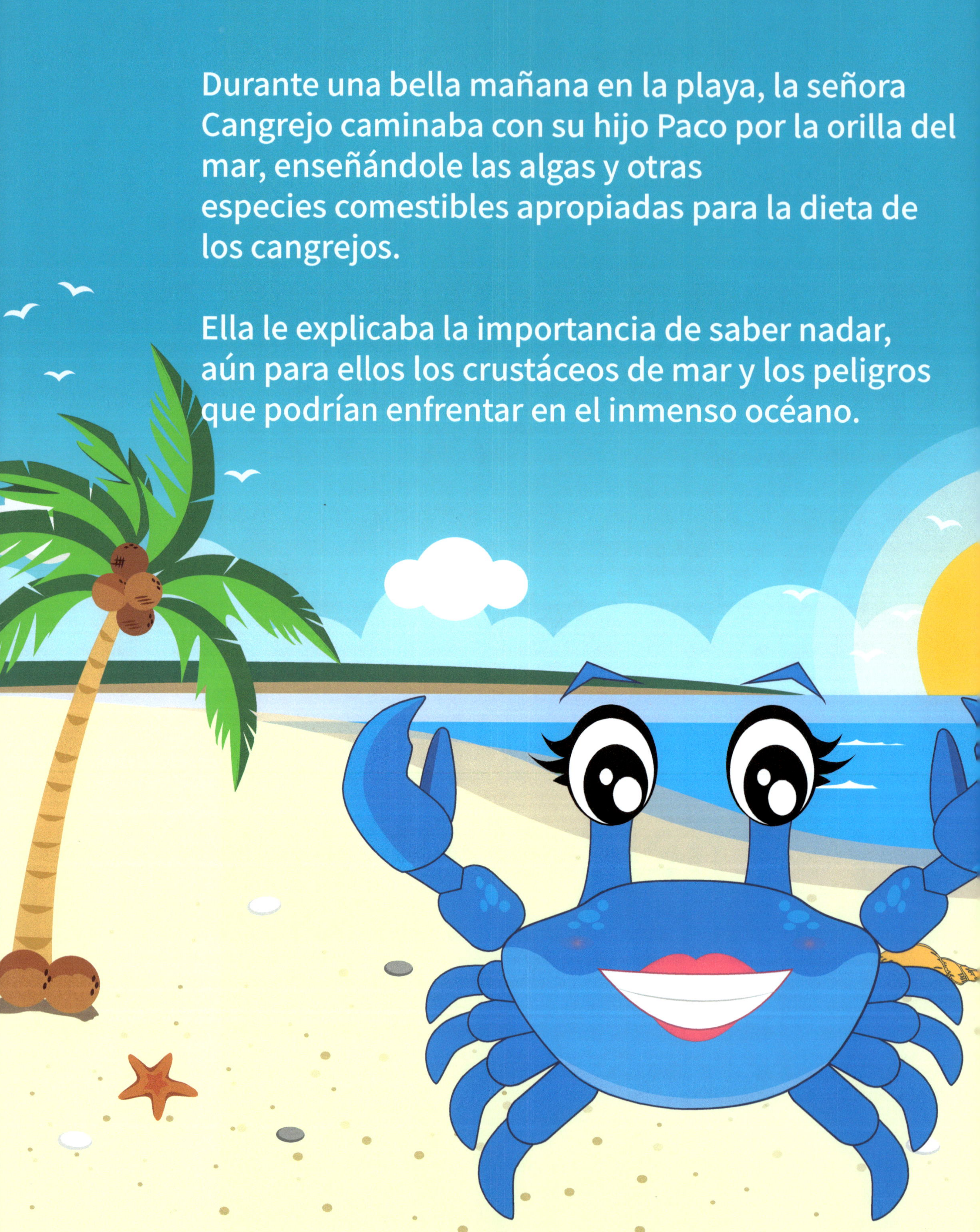

Durante una bella mañana en la playa, la señora Cangrejo caminaba con su hijo Paco por la orilla del mar, enseñándole las algas y otras especies comestibles apropiadas para la dieta de los cangrejos.

Ella le explicaba la importancia de saber nadar, aún para ellos los crustáceos de mar y los peligros que podrían enfrentar en el inmenso océano.

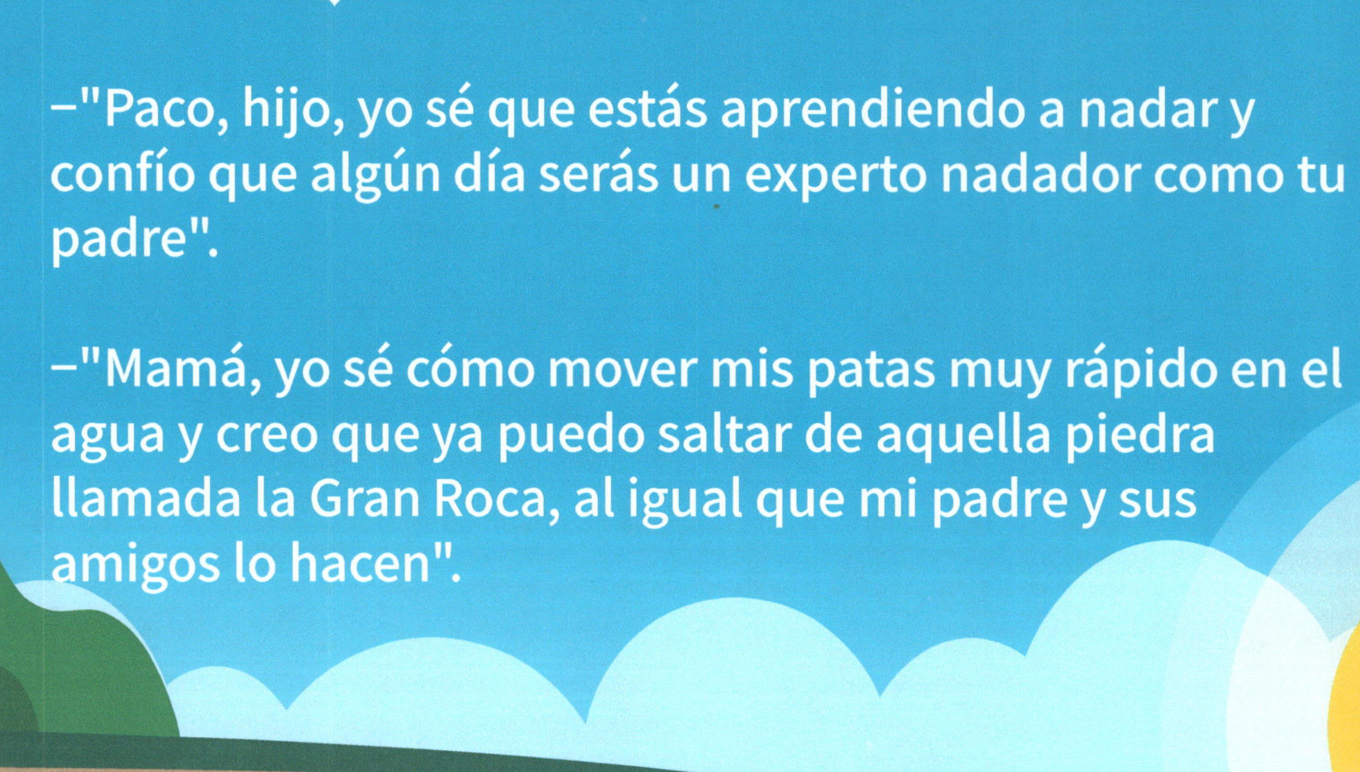

–"Paco, hijo, yo sé que estás aprendiendo a nadar y confío que algún día serás un experto nadador como tu padre".

–"Mamá, yo sé cómo mover mis patas muy rápido en el agua y creo que ya puedo saltar de aquella piedra llamada la Gran Roca, al igual que mi padre y sus amigos lo hacen".

–"Para saltar desde la Gran Roca, no basta mover tus patas con rapidez; se necesita mucho tiempo de práctica. Tú eres aún un cangrejo muy joven, necesitas crecer y esperar a que tu caparazón sea más fuerte".

"Prométeme que nunca vas a saltar de la Gran Roca hasta que crezcas hijo, estoy segura de que serás capaz de hacerlo a su debido tiempo".

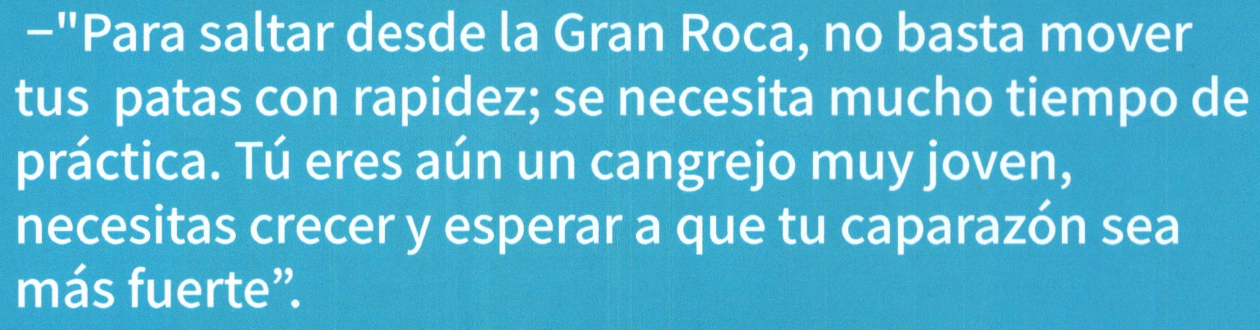

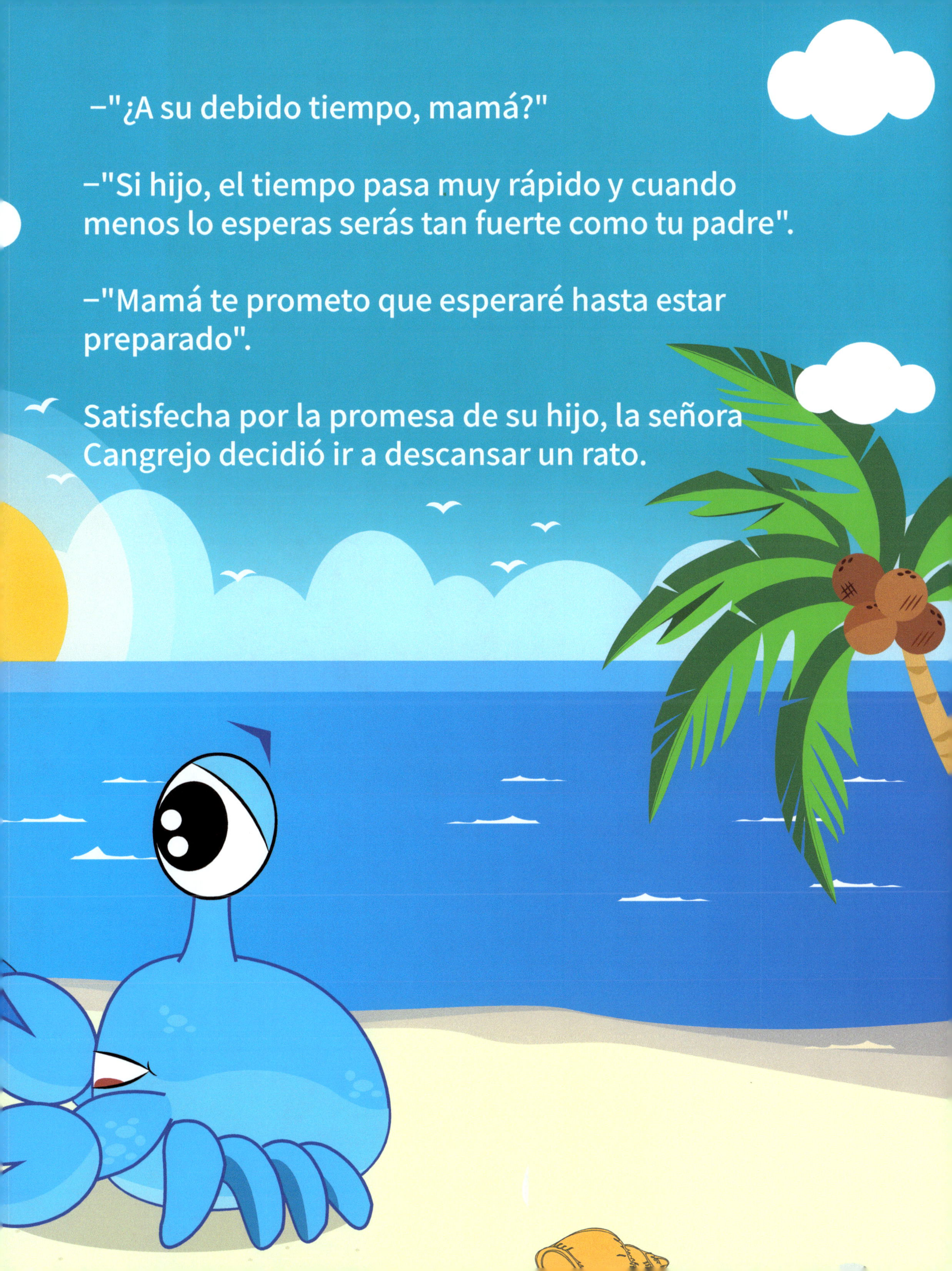

–"¿A su debido tiempo, mamá?"

–"Si hijo, el tiempo pasa muy rápido y cuando menos lo esperas serás tan fuerte como tu padre".

–"Mamá te prometo que esperaré hasta estar preparado".

Satisfecha por la promesa de su hijo, la señora Cangrejo decidió ir a descansar un rato.

–"Todavía soy muy joven, pero pronto voy a crecer y saltaré desde lo alto de la Gran Roca para nadar hasta el fondo del mar como mi papá. Será muy fácil para mí." Pensó Paco, muy confiado.

Al llegar a casa, todos dijeron "Buenas noches" y se acostaron a dormir. Esa noche, el pequeño cangrejo despertó mientras todos dormían, y se le ocurrió una idea que a él le pareció muy buena.

–"Es el momento perfecto para saltar de la Gran Roca al mar, todos están dormidos y nadie me verá".

Paco salió de su casa y corrió hacia el océano,
olvidando la promesa que le había hecho a su
madre. Cuando llegó a la Gran Roca, la trepó
 rápidamente diciendo:

– "Esto es muy fácil, todo lo que tengo que hacer
es cerrar los ojos, saltar y nadar".

Sin dudarlo, Paco saltó al océano. Al caer al agua,
empezó a mover sus patas rápidamente, sin saber
en qué dirección estaba nadando pues tenía miedo
de abrir los ojos.

–"Tengo que seguir nadando rápido para llegar a la orilla".

Por fortuna una tortuga verde que nadaba cerca a la Gran Roca se dio cuenta que Paco estaba nadando en círculos.

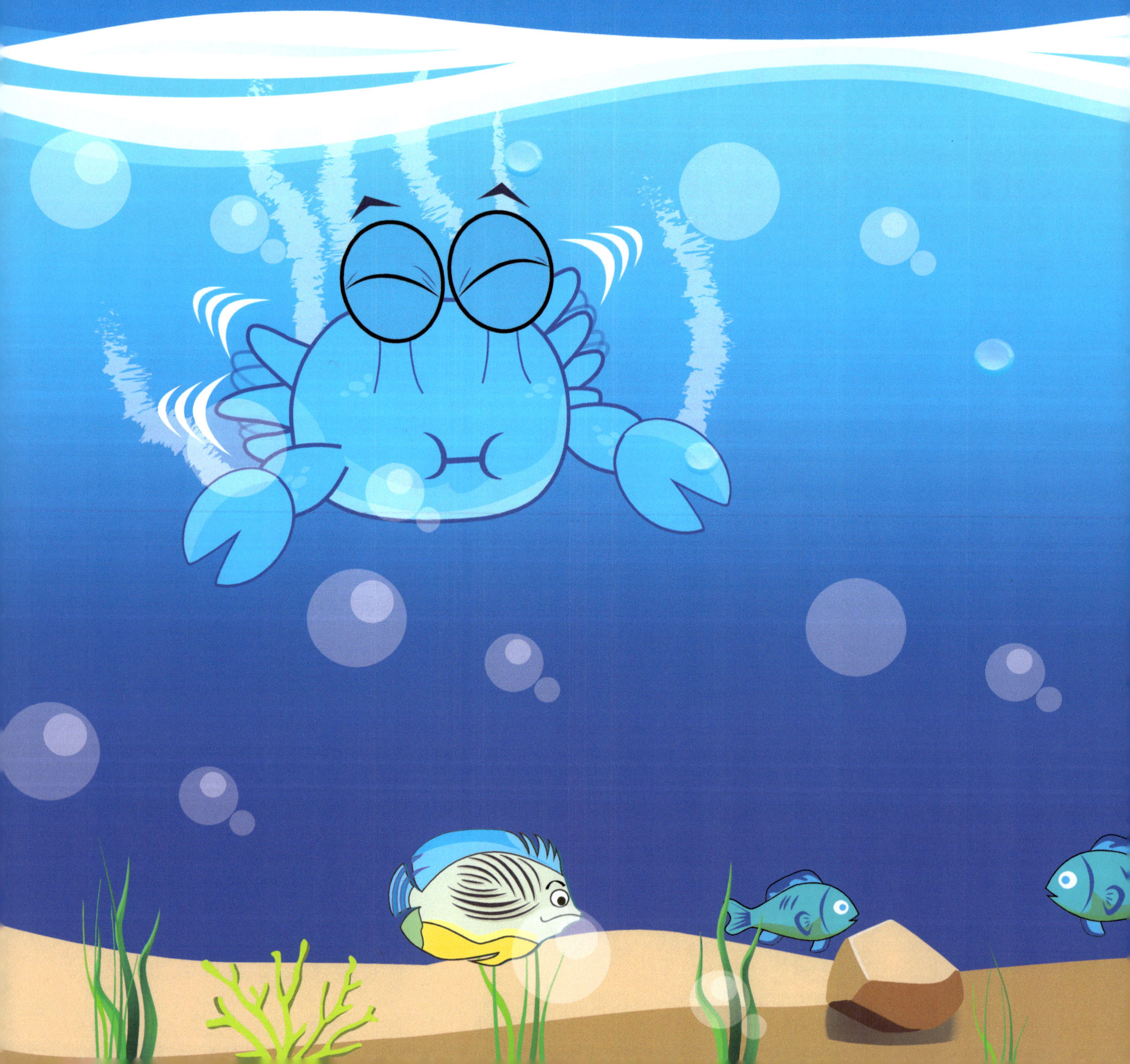

—"¿Qué hace ese pequeño cangrejo por aquí? Tengo que ayudarlo antes de que las olas de la marea alta ocasionada por la luna llena lo alejen de su playa".

–"Creo que estoy a punto de llegar a la orilla, porque he nadado rápido y por mucho tiempo", pensaba Paco.

La ágil tortuga nadó con Paco sobre ella hasta colocarlo en la arena e inmediatamente cuando él sintió tierra firme abrió los ojos y alegre saltando grito:
—"! Lo hice, lo hice!".

–"No, pequeño cangrejo lo que hiciste fue muy peligroso, has podido tener un grave accidente. Yo fui la que te trajo aquí a la orilla", dijo la tortuga verde.

–"Hijo, ¿qué estás haciendo aquí?". Preguntó la señora Cangrejo

–"Lo encontré nadando cerca de la Gran Roca, por fortuna lo pude traer a la orilla a salvo", contestó la tortuga.

Los padres de Paco agradecieron a la tortuga su valerosa acción y regresaron a su hogar con su hijo.

– " Prometiste a tu mamá, no saltar de la Gran Roca, estamos muy decepcionados, tienes que obedecer a tus padres y mantener tus promesas o si no nadie creerá en ti".

–"Siento haber roto mi promesa, por favor mamá, perdóname".

Paco aprendió la lección y se dedicó a prepararse y a esperar paciente su turno para saltar de la Gran Roca y mantener la promesa hecha a sus padres.

– "Me siento más fuerte y grande, tal como mis padres me lo dijeron".

Finalmente, los padres de Paco le dieron permiso, para saltar de la Gran Roca. Ese día fue muy importante para todos en la playa. Para Paco, por haber cumplido su promesa y para su familia y amigos por haber visto al cangrejo más rápido de la playa saltar desde la Gran Roca, nadar en lo profundo del mar y llegar a la orilla sin descansar.

- " Me siento más fuerte y grande, tal como mis padres me lo dijeron".

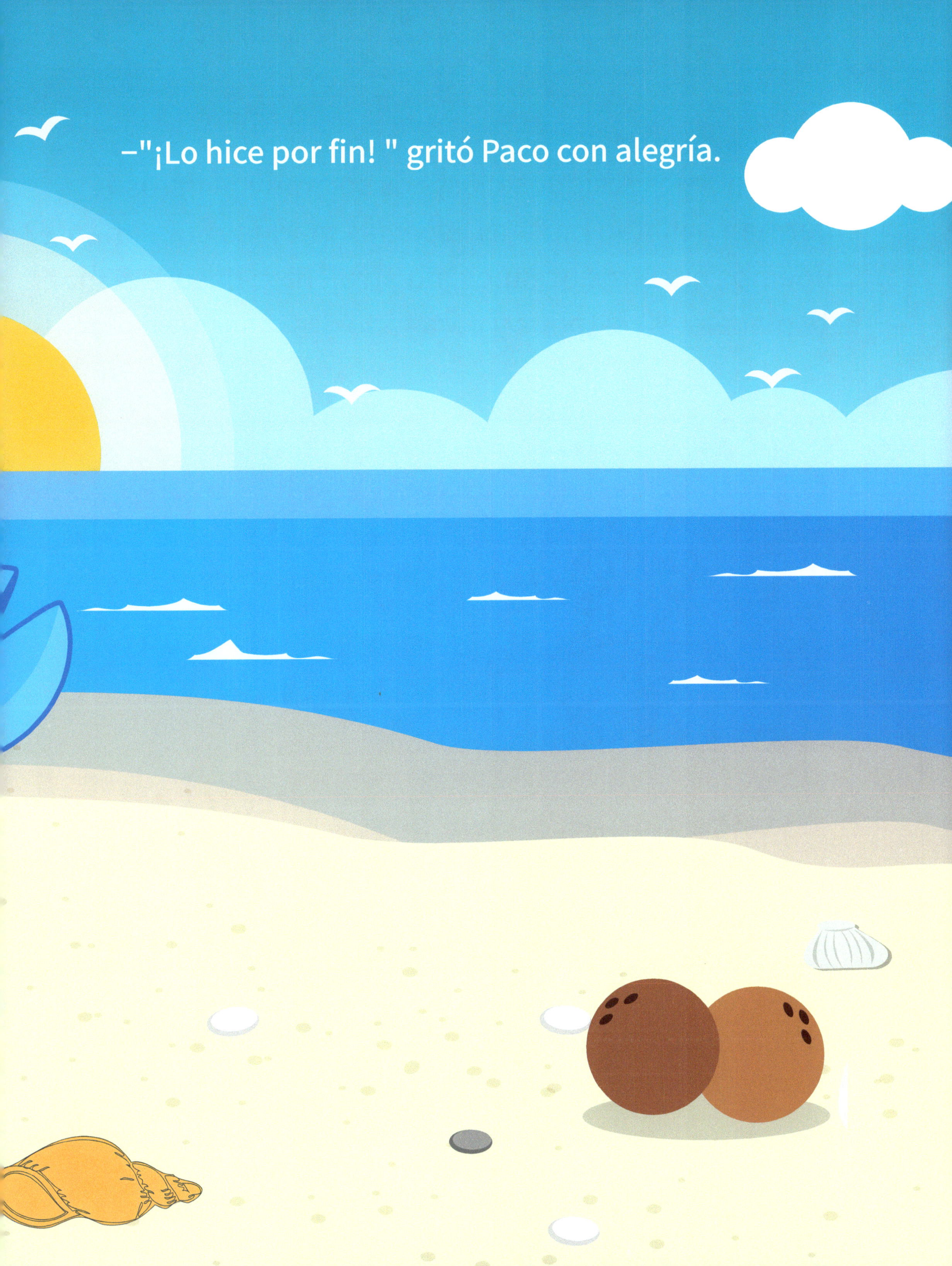
–"¡Lo hice por fin! " gritó Paco con alegría.

¿Sabías que los residuos plásticos son muy peligrosos y enferman o matan muchas especies marinas anualmente? Cuidemos nuestros océanos, no arrojemos basura al mar. Este planeta es de todos y para todos.

RECICLAJE

Paco el Cangrejo

Paco el Cangrejo nació en el mar Caribe, en Islas del Rosario, un archipiélago situado a unos 35 kilómetros al suroeste de Cartagena, Colombia, donde viven algunas comunidades de cangrejos azules. Sus padres dedicaron gran tiempo a la educación de su hijo inculcándole valores como la obediencia, el compromiso y disciplina. Paco se dio a conocer desde joven al ganar el campeonato de salto libre desde la Gran Roca. Comenzó su entrenamiento atlético a temprana edad.

Hoy en día, quisiera que todos los adultos que van a la playa aprendieran a proteger el medio ambiente y enseñaran a las nuevas generaciones la importancia de reciclar y de no arrojar plásticos al mar porque a ellos como a las especies marinas les hace daño.

PROMESAS

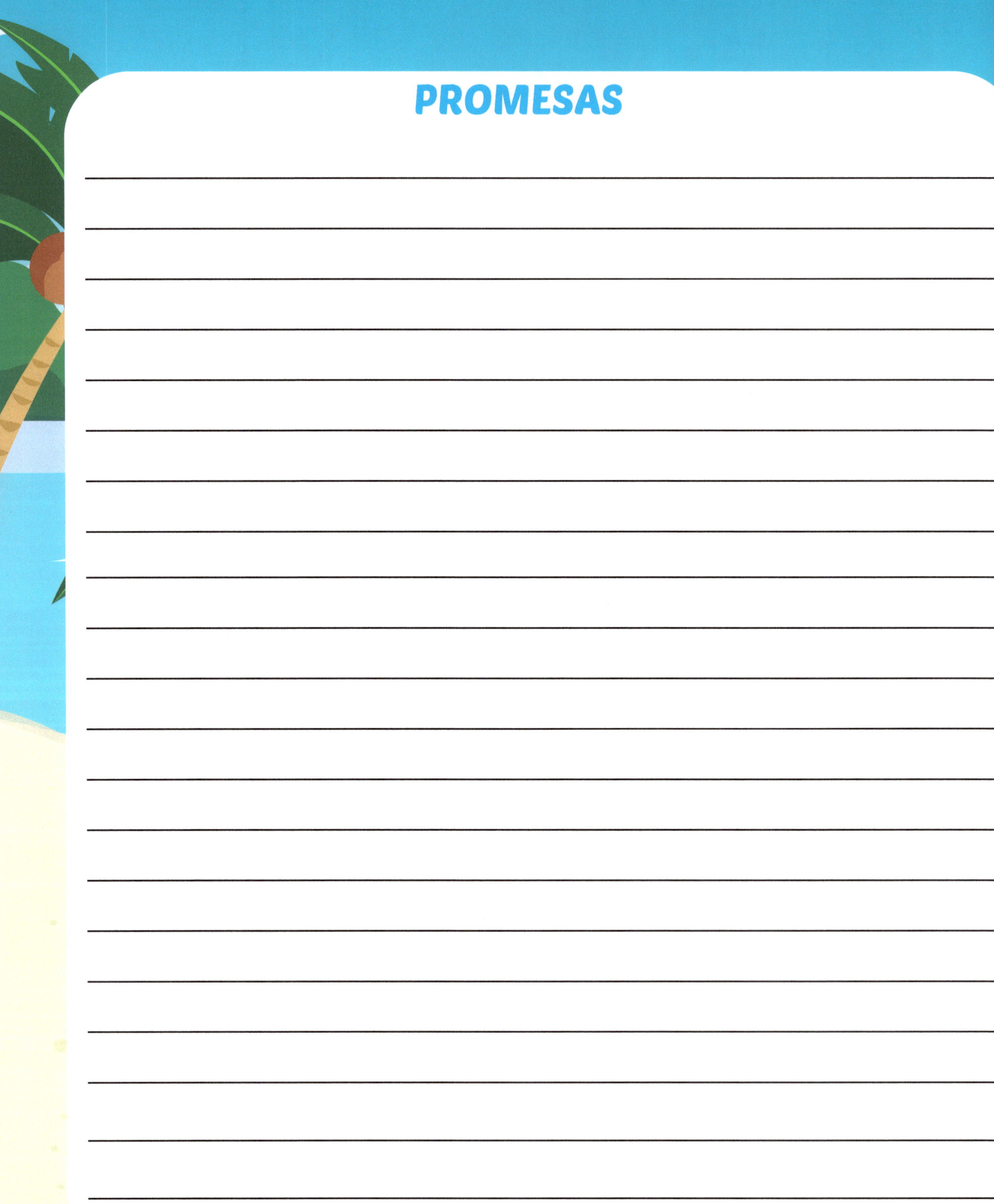

PROMESAS

____

____

____

____

____

____

____

____

____

____

____

____

____

____

____

____

Honra a tu padre y a tu madre, para que tus días se alarguen en la tierra que Jehová tu Dios te da. Éxodo 20:12

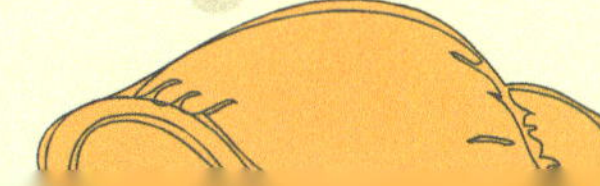